Melanie Jacobi

Mit Gott am Start

Kreative geistliche Einstiege für Teams, Gruppen und Gremien

Gerne nehmen wir Ihre Anregungen, Wünsche, Kritik oder Fragen entgegen:
Don Bosco Medien GmbH, Sieboldstraße 11, 81669 München
anregungen@donbosco-medien.de
Servicetelefon: (0 89) 4 80 08-341

Bibliografische Information der Deutschen Nationalbibliothek
Die Deutsche Nationalbibliothek verzeichnet diese Publikation in der Deutschen Nationalbibliografie; detaillierte bibliografische Daten sind im Internet über http://dnb.d-nb.de abrufbar.

1. Auflage 2017
/ ISBN 978-3-7698-2323-3
© 2017 Don Bosco Medien GmbH, München
www.donbosco-medien.de
Umschlag: Jonas Dinkhoff, www.starkwind-design.de
Umschlagfoto: fotolia, vectorfusionart
Layout und Satz: Don Bosco Medien GmbH, München
Druck: BoD – Books on Demand, Norderstedt

DON
BOSCO

Inhalt

Liebe Leserin, lieber Leser,

wie kann man gut in eine Sitzung einsteigen? Diese Frage stellen sich immer wieder Haupt- und Ehrenamtliche in der Vorbereitung auf die Treffen der verschiedenen Teams, Gremien und Vorstände in der pastoralen und pädagogischen Landschaft. Manchmal braucht es nur einen kleinen Gedankenanstoß, einen kurzen Austausch oder einen Moment des Innehaltens, um gut in die Arbeit starten zu können. Diese Augenblicke können dazu dienen, sich selbst zu sammeln, sich vom Alltag oder dem Termin, in dem man eben noch steckte, zu lösen. Zugleich helfen sie dabei, sich auf die bevorstehende Aufgabe und die Situation, in der die Gruppe gerade steht, zu fokussieren. Und diese Augenblicke können Gott einen Platz geben inmitten der Fülle an Herausforderungen, in die das Leben und unser Haupt- und Ehrenamt uns manchmal stellen.

Dieses Buch ist eine Sammlung von vielfältigen kreativen geistlichen Einstiegen. In verschiedenen Formen und von unterschiedlicher Dauer, zu bestimmten Anlässen oder als geschenkte Atempause werden auf den folgenden Seiten Gebete, nachdenkliche Texte, kleine Aktionen und jahreszeitliche Impulse angeboten. Sie können für die Arbeit mit Pastoralteams, Pfarrgemeinderäten, Kirchenvorständen, in Verbänden, Kindergärten, Bildungseinrichtungen und in anderen Gremien und Gruppen genutzt werden.

Ich wünsche Ihnen viel Freude bei der Begegnung miteinander, mit sich selbst und mit Gott in diesen Augenblicken des Innehaltens!

Osnabrück im August 2017

Melanie Jacobi

KAPITEL 1

Lieber Gott

Gebete

Am Ende eines gefüllten Tages

Guter Gott,

ein gefüllter Tag liegt hinter uns:
gefüllt mit Arbeit und Freizeit,
mit Begegnungen und Gesprächen,
mit Zeit für mich und Zeit für andere,
mit vielem, was wir geschafft haben, und manchem,
das unerledigt geblieben ist,
mit Gedanken und Gefühlen, Antworten und Fragen.

Das, was an diesem gefüllten Tag bereits hinter uns liegt,
legen wir in Deine Hände, lassen es los und vertrauen es Dir an.

Am Ende dieses gefüllten Tages steht unser Zusammensein.
Schenke uns Kraft für die Aufgaben, die vor uns liegen.
Gib uns Mut für die Entscheidungen, die getroffen werden müssen.
Lass uns einander wertschätzend begegnen.

Sei Du dabei in unserer Mitte.

Amen.

Manchmal ist es nicht einfach

Lieber Gott,

manchmal ist es nicht einfach,
verantwortlich zu sein
für unbequeme Entscheidungen,
für ungewohnte Veränderungen,
für anstrengende Gespräche.

Manchmal ist es nicht einfach,
die Zeit zu entbehren, um sich zu engagieren,
den Mut zu finden, seine Meinung zu sagen,
die Kraft zu haben, sich miteinander auseinanderzusetzen.

Manchmal ist es nicht einfach,
die richtigen Worte zu finden im Gespräch,
den eigenen Standpunkt zu entwickeln in der Zusammenarbeit,
eine Haltung einzunehmen, die auch auf Widerstand stößt.

Dich, Gott, bitten wir:
Schenke uns die Kraft, die wir für unsere Arbeit brauchen.
Lass uns in Deinem Sinn die Kirche mitgestalten,
auch mit dem Mut für neue Wege.
Gib uns die Fähigkeit zu vertrauen – auf Dich, auf uns selbst und auf unsere Gemeinschaft.
Lass uns Deine Nähe spüren.

Amen.

Was ist dran?

Gott, unser Vater,

nicht immer wissen wir, was „dran“ ist in unserer Kirche.

Mal scheint es gut, sich auf Bekanntes zu besinnen,
mal scheint Innovation angezeigt.
Mal vertrauen wir auf die Erfahrung der Älteren,
mal wünschen wir uns die Ideen der Jugend.
Mal machen erprobte Konzepte Sinn,
mal wollen wir frischen Wind wehen lassen.
Mal möchten wir gestalten und ausprobieren,
mal sehnen wir uns danach, auszuruhen.

Was ist heute „dran“, wenn wir jetzt zusammenkommen?

Schenke uns Deinen Heiligen Geist,
der uns Freude dafür gibt, auf der Suche zu bleiben nach dem, was „dran“ ist,
der uns hilft, Entscheidungen zu treffen, wenn sie nötig sind, und
der uns begleitet als Gestalter einer Kirche von morgen.

Hilf uns zu erkennen, was „dran“ ist.

Amen.

Als Gemeinschaft unterwegs

Herr, unser Gott,

wir sind als Gemeinschaft unterwegs.

Wir gehen gemeinsam einen Weg,
der manchmal steinig und mühsam ist,
der manchmal glücklich und zufrieden macht,
der geprägt ist von Arbeit und Anstrengung,
aber auch von wohltuenden Gesprächen.

Wir gehen gemeinsam einen Weg,
auf dem nicht jeder den anderen versteht oder mag,
aber auch Freundschaft und Beziehung wächst,
auf dem wir uns nicht immer einig sind,
aber um Wertschätzung und Respekt bemüht sind.

Wir gehen gemeinsam einen Weg,
der ein Ziel hat: Deine Kirche mitzugestalten.

Lass uns auf diesem Weg unsere ganz eigenen Fußspuren setzen,
Umwege tapfer gehen und Höhen und Tiefen gemeinsam meistern.
Sei Du unser Wegbegleiter,
der uns Orientierung schenkt,
der Kraft gibt für schwierige Wegetappen,
der unsere Gemeinschaft und unseren Zusammenhalt stärkt und
der uns einlädt, immer wieder innezuhalten und uns zu vergewissern,
dass wir auf dem richtigen Weg sind.

Amen.

Du hast uns beschenkt

Guter Gott,

Du hast jedem von uns viele Talente und Fähigkeiten geschenkt.
Lass sie uns für unsere Aufgaben gewinnbringend einsetzen.

Du hast jedem von uns ein offenes Herz geschenkt.
Lass uns mitfühlend und wohlwollend aufeinander und auf die Menschen, für die wir verantwortlich sind, blicken.

Du hast jedem von uns Augen und Ohren geschenkt.
Lass uns mit wachem Blick die Zeichen der Zeit erkennen und zuhören, wenn man uns von Sorgen und Nöten, von Freude und Dankbarkeit erzählt.

Du hast jedem von uns einen Mund geschenkt.
Lass uns unsere Ideen und Gedanken ohne Sorge aussprechen und dem anderen wertschätzende Worte sagen können.

Du hast jedem von uns den Heiligen Geist geschenkt, der in uns wirkt.
Lass uns spüren, was Dein Auftrag für uns ist.

Amen.

Wie eine Umarmung

Gott, unser Vater,

wenn wir einen anderen Menschen treffen, der uns vertraut ist,
dann nehmen wir ihn manchmal zur Begrüßung in die Arme.

Wir zeigen ihm unsere Freude über das Wiedersehen.
Wir heißen ihn willkommen.
Wir drücken unsere Zuneigung aus.
Wir lassen uns selbst für einen Augenblick fallen.

Im Gebet treffen wir Dich, Gott.
Auch Du nimmst uns liebevoll in den Arm, wenn wir Dir begegnen.
Auch Du heißt uns willkommen in unserem Gespräch mit Dir.
Auf Deine Liebe dürfen wir vertrauen und uns geborgen fühlen.

Wenn wir nun in Deinem Namen zusammenkommen,
dann lass uns auch Deine Umarmung zur Begrüßung spüren,
die uns Kraft gibt für unsere Arbeit,
die uns erfahren lässt, dass Du bei uns bist und uns begleitest,
die uns Deine Nähe zuspricht.

Amen.

Das Geschenk der Gelassenheit

Gott, unser Vater,

wir bitten Dich um das Geschenk der Gelassenheit.

Angesichts der viele Aufgaben, die wir haben,
der Herausforderungen, vor denen wir stehen,
und der Termine, die auf uns warten,
fällt es uns manchmal schwer, gelassen, geduldig
und voller Vertrauen unsere Arbeit zu tun.

Schenke uns innere Ruhe,
Menschen, bei denen wir aufatmen können,
Orte, an denen wir ausruhen dürfen,
schöne Augenblicke und Begegnungen, die uns stärken,
und Deine Nähe, die uns Kraft gibt.

Wir bitten Dich um das Geschenk der Gelassenheit,
für unseren Alltag, im Beruf, in unseren Beziehungen, mit uns selbst
und auch für die gemeinsame Zeit, die nun vor uns liegt.

Lass uns ruhig und ohne Sorge sein,
denn Du bist bei jedem von uns.

Amen.

Vom Träumen

Herr, Jesus Christus,

Du hast in Deinem Leben und Wirken von einer besseren Welt geträumt:
Eine Welt, in der Kranke wieder gesund sind,
Blinde wieder sehen
und Lahme wieder gehen.

Eine Welt, in der man Sündern verzeiht,
mit Ausgestoßenen das Essen teilt
und Kinder zum Vorbild nimmt.

Mehr noch: Du hast nicht nur geträumt, sondern für Deine Träume gekämpft und manche wahr werden lassen.

Schenke auch uns den Mut zu träumen,
Ideen zu spinnen,
Pläne zu schmieden
und mit Fantasie und Kreativität,
mit Herz und Verstand
zu gestalten und zu handeln.

Lass uns zu Träumern werden.

Amen.

Vom Zweifeln

Lieber Gott,

ich bin als Zweifler hier.

Manchmal zweifele ich an mir selbst und frage mich:
Was kann ich einbringen? Was habe ich zu bieten?
Werden meine Ideen gehört?
Werde ich gemocht, so wie ich bin?

Manchmal zweifele ich an unserer Aufgabe:
Macht sie noch Sinn in der heutigen Zeit?
Finden unsere Projekte Anklang?
Haben wir etwas zu sagen in der Gesellschaft?

Manchmal zweifele ich an meinem Glauben:
Gibt es Dich wirklich, Gott?
Hörst und erhörst Du mich?
Liebst Du mich mit meinen Fehlern und Schwächen?

All meine Zweifel, all meine Fragen, halte ich Dir, Gott, hin.

Schenke mir die Fähigkeit, mich als wertvollen Menschen
mit vielen Talenten wahrzunehmen.

Lass mich voller Kraft und Zuversicht unsere Arbeit mitgestalten
und ihr ein Gesicht geben.

Stärke mich im Glauben und im Vertrauen auf Dich.

Ich darf hier sein mit meinen Zweifeln.
Du trägst sie mit.

Amen.

Kraftlos

Guter Gott,

manchmal fühle ich mich kraftlos
angesichts der Terminfülle,
der Verantwortung und der zahlreichen Aufgaben.

Manchmal fühle ich mich kraftlos
bei dem Gedanken an all das, was ich
wieder einmal nicht geschafft, getan und gesagt habe,
obwohl ich es mir vorgenommen hatte.

Manchmal fühle ich mich kraftlos
in dem Gefühl, mir selbst und anderen
nicht gerecht zu werden.

Manchmal fehlt mir auch die Kraft zu beten,
den Sinn in allem zu sehen, was geschieht,
und Menschen für Deine Botschaft zu begeistern.

Sei Du mein Halt, wenn ich mich kraftlos fühle.
Lass mich einen Augenblick zur Ruhe und zu Atem kommen bei Dir.
Schenke mir neue Kraft.

Amen.

KAPITEL 2

Motivationskicks

Impulstexte

Mensch, ärgere dich nicht!

Mensch, ärgere dich nicht ...
wenn es heute mal wieder länger dauert,
wenn du eigentlich gern woanders wärst,
wenn du die Zeit an anderer Stelle gut nutzen könntest.

Mensch, freu dich ...
denn du wirst gebraucht
und es ist gut, dass du da bist.

Mensch, ärgere dich nicht ...
wenn die Ideen des anderen dir nicht realistisch genug erscheinen,
wenn dir die Meinung des anderen ganz und gar nicht passt,
wenn dich jemand kritisiert.

Mensch, freu dich ...
denn du darfst Menschen begegnen und von ihnen lernen,
und mit ihrer Hilfe deinen Standpunkt entwickeln.

Mensch, ärgere dich nicht ...
wenn du gern mehr beitragen würdest, aber dich nicht traust,
wenn du an dir selbst zweifelst,
wenn du nach den richtigen Worten suchst.

Mensch, freu dich ...
über deine Talente und Fähigkeiten
und deine Gedanken, auf die die Welt gespannt ist.

Mensch, ärgere dich nicht ...
wenn es dir manchmal schwer fällt, Gottes Nähe wahrzunehmen,
wenn es nicht immer leicht ist zu beten,
wenn du manchmal Zweifel hast in deinem Glauben.

Mensch, freu dich ...
denn du bist Gottes geliebtes Kind und er sagt zu dir:
Ich bin für dich da!

Sei wie ein Kind

Sei wie ein Kind,
das laufen lernt.
Freu dich über die kleinen Schritte, die du in deiner Aufgabe gehst,
die dich immer ein Stück weiterbringen.
Auch wenn sie mühsam erscheinen und das Ziel weit entfernt:
Du wirst ankommen, in kleinen Schritten.

Sei wie ein Kind,
das neugierig die Welt entdeckt
und gespannt ist auf das, was es noch nicht kennt.
Sei offen für neue Wege und Ideen in deinen Projekten
und weiche dem Unbekannten und Ungewohnten nicht aus.
Auch wenn Neues manchmal bedrohlich zu sein scheint:
Es wird dich beschenken als bereichernde Erfahrung.

Sei wie ein Kind,
das unbeschwert lachen kann,
und nimm manches einfach mit Humor.
Schenke dir selbst und anderen ein Lächeln und
freu dich auch über die kleinen Dinge.
Und wenn dir manchmal zum Weinen zumute ist,
dann tu es, denn auch ein Kind fragt nicht, ob Tränen erlaubt sind.

Sei wie ein Kind,
das auch mal Fehler machen darf, weil es erst zu leben lernt.
Sei gütig mit dir selbst und anderen, wenn etwas nicht perfekt ist.
Auch wenn die Welt dich lehrt, dass Fehler Schwächen sind:
Sie machen dich sympathisch und an ihnen wirst du lernen.

Sei wie ein Kind.
Jesus sagt, dass wir wie die Kinder sein sollen.
Er stellte ein Kind in die Mitte und nahm es zum Vorbild.

Gott selbst kam als Kind zu uns in die Welt.
Sei ein bisschen wie er und manchmal wie ein Kind.

Exodus – Aufbruch

Exodus – Aufbruch.
Das Volk Israel macht sich auf den Weg.
Flüchtet vor den Ägyptern, strebt nach dem Besseren,
in ein Land, in dem Milch und Honig fließen.
Ohne klare Perspektive, ohne Gewissheit, das Ziel zu erreichen.
Mit Gefahren im Rücken und Zweifeln im Gepäck.
Aber mit Gottes Zusage: Ich bin bei euch. Ich begleite euch.

Auch wir sind unterwegs,
müssen Aufbrüche wagen,
damit Neues wachsen kann und der Glaube und die Kirche eine Zukunft haben.
Auch uns begleiten Zweifel und die Frage nach dem richtigen Weg.
Auch uns drohen Gegenwind und die Notwendigkeit, Umwege in Kauf zu nehmen.
Aber auch uns sagt Gott zu: Ich bin bei euch. Ich begleite euch.

Exodus – Aufbruch.
Gott hat seine Pläne Mose anvertraut und vielen anderen Verantwortung zugesprochen.
Das Volk Israel ist angekommen, hat etwas Neues geschaffen,
hat Heimat gefunden.

Auch wir haben Verantwortung übernommen,
müssen manches Alte bewahren und Neuland schaffen,
für eine Kirche von morgen,
damit die Menschen der Gegenwart Heimat finden und sich in Gott geborgen fühlen.

Exodus – Aufbruch.
Machen wir uns auf den Weg wie das Volk Israel.
Gehen wir mutig unseren Weg, als Gestaltende und als Gemeinschaft.
Und mit Gottes Zuspruch: Ich bin da.

Ich gebe der Kirche ein Gesicht

Ich gebe der Kirche ein Gesicht.
Ein ernstes Gesicht,
wenn ich auf Missstände in der Gesellschaft
und Ungerechtigkeit aufmerksam mache.
Ein nachdenkliches Gesicht,
wenn ich eigene Strukturen und Regeln hinterfrage
und offen bin für Kritik.
Ein trauriges Gesicht,
wenn ich an Krieg, Leid und Armut in der Welt denke.

Ich gebe der Kirche ein Gesicht.
Ein fröhliches Gesicht,
wenn ich Menschen von Gottes Liebe
und Barmherzigkeit erzähle.
Ein lachendes Gesicht,
wenn ich Gemeinschaft lebe und dazu einlade.
Ein entschlossenes Gesicht,
wenn ich mich engagiere und mitbaue
an einer Kirche der Zukunft.

Ich gebe der Kirche ein Gesicht.
Ein hoffnungsvolles Gesicht,
wenn ich daran glaube, dass die Verstorbenen bei Gott geborgen sind.
Ein liebevolles Gesicht,
wenn ich Menschen in Not beistehe und sie begleite.
Ein würdevolles Gesicht,
wenn ich Fehler und Schwächen eingestehen kann.

Ich gebe der Kirche ein Gesicht.
Mein Gesicht, so wie ich bin.

Das biblische Team

Jesus hat ein Team gebildet mit seinen Jüngern.
Gemeinsam waren sie unterwegs,
haben von Gottes Botschaft erzählt,
sind vielen Menschen begegnet und haben Abenteuer bestanden.

Das biblische Team:
Manche agierten im Vordergrund,
andere arbeiteten im Stillen.
Jeder brachte Talente ein,
alle haben mit angepackt.

Das biblische Team:
Es hat sich nicht versteckt,
sondern ist in die Welt gegangen.
Es war offen für die Nöte der Menschen und
hatte die Schwachen im Blick.

Das biblische Team:
Es hat zusammengehalten, bis zu Jesu Tod am Kreuz,
einander Halt gegeben und miteinander getrauert.
Es war nicht frei von Konflikten,
doch alle waren durch die gleiche Botschaft einander verbunden.

Auch wir sind als Team unterwegs
und können lernen von Jesu Team.

Manchmal können wir ein Abbild davon sein,
wenn wir tun, was das biblische Team getan hat:
einander stützen und ergänzen,
Fragen benennen und doch vertrauen,
Offenheit leben und in der Welt sein,
zusammenhalten, auch wenn es schwierig wird,
den anderen wertschätzen, ohne ihn verändern zu wollen,
Jesus als Orientierung nehmen.

Das biblische Team von heute.
Wir gehören dazu.

Ein bisschen Prophet sein

Propheten sind manchmal unbequem.
Sie bringen zur Sprache, was andere verschweigen.
Sie weisen auf Missstände hin, die andere nicht sehen.
Sie sprechen von einer Welt, die andere nicht kennen.
Haben wir die Stärke, wie sie zu sein?

Propheten sind stets engagiert.
Sie führen an, übernehmen das Wort.
Sie haben Verantwortung inne und tun dies gern.
Sie streiten für ihre Meinung.
Haben wir die Kraft, wie sie zu sein?

Propheten sind häufig ungewöhnlich.
Manche leben ohne festen Wohnsitz,
manche tragen seltsame Kleidung,
manche tanzen, wenn ihnen danach ist.
Haben wir den Mut, wie sie zu sein?

Vielleicht können wir manchmal ein bisschen wie Propheten sein.
Ein bisschen kritischer mit dem, was um uns herum geschieht.
Ein bisschen klarer in unserem Auftreten als Christen in der Welt.
Ein bisschen mutiger, wenn es darum geht, auch ungewöhnlich
zu sein in unseren Entscheidungen und unserer Haltung.

Vielleicht können wir manchmal ein bisschen wie Propheten sein,
wenn wir uns einbringen mit Gottes Botschaft in Politik und
Gesellschaft,
wenn wir bestehende Strukturen hinterfragen, auch in der Kirche,
wenn wir mit beiden Beinen in der Welt stehen und uns ihr nicht
verschließen.

Ein bisschen Prophet sein ...
Vielleicht können wir heute damit beginnen.

Der andere

Der andere, der mit mir hier ist –
viel weiß ich nicht von ihm.
Ich kenne seinen Namen, ich weiß, woher er kommt,
doch welche Lebensgeschichte ihn prägt,
das weiß ich nicht.

Der andere, der mit mir hier ist –
was fühlt und denkt er eigentlich?
Ich sehe sein Lächeln und spüre seinen Blick,
doch wie es ihm geht, das weiß ich nicht.

Der andere, der mit mir hier ist –
was hat er heute wohl schon erlebt?
Ich stelle mir vor, wie sein Tag gewesen ist,
doch wie der wirklich war, das weiß ich nicht.

Auch ich bin der andere für jemanden.
Vielleicht fragt sich einer, wer ich bin,
hinter dem Gesicht, das ich meistens zeige.
Nicht alles möchte ich von mir preisgeben,
nicht alles möchte ich vom anderen wissen.

Doch vielleicht ergibt sich heute die Chance,
dem anderen einfach ein Lächeln zu schenken,
zu verstehen, dass der andere mehr ist als das,
was man von ihm kennt,
zu respektieren, wenn er anders ist, als ich es erwarte,
weil in ihm mehr steckt, als ich von ihm weiß.

Der Andere – Gottes Ebenbild, genau wie ich.

Wie ein Adler

Ich wünsche dir, dass du fliegen kannst wie ein Adler:
Dass dir die Freiheit für deine Aufgabe geschenkt wird,
die du brauchst,
um deine Talente zu entfalten, deine Träume wachsen zu lassen und
deinen Ideen Raum zu schenken.

Ich wünsche dir den scharfen Blick eines Adlers:
Dass du in deiner Aufgabe erkennst, was „dran“ ist,
was das Wesentliche ist
und wie es den Menschen um dich herum gerade geht.

Ich wünsche dir die Kraft eines Adlers:
Dass du kämpfst für das, was dir wichtig ist,
und zugleich einen Ort, gleich einem Nest, hast,
an dem du ausruhen und zu neuer Kraft finden kannst.

Ich wünsch dir, dass du dich auch treiben lassen kannst wie ein
Adler im Aufwind:
Dass du in all deinem Tun Zeit für dich selbst findest und dir
Momente geschenkt sind, in denen du zu Atem kommen kannst.

Ich wünsche dir, dass auch du dem Himmel manchmal so nahe
kommst wie ein Adler:
Dass Gott für dich in manchen Momenten spürbar ist, dass dir
Himmlisches widerfährt und du trotz manch dunkler Wolken immer
wieder die Sonne spüren kannst.

Ich wünsche dir, dass Gott dich begleitet wie ein Adler und
du auch erfährst, wovon die Bibel erzählt:
Dass Gott über dich wacht und dich beschützt,
auf seinen Schwingen trägt
und dich auffängt, wenn du fällst.

Weitblick

Manchmal braucht es Weitblick,
den Blick über das Hier und Jetzt hinaus,
um das Morgen gestalten zu können.

Mit weitem Blick bin ich offen
für andere, die bisher nicht in meinem Blickfeld vorkamen.
Ich kann sie einladen, dabei zu sein, sich einzubringen.

Mit weitem Blick sehe ich mehr
als das Gewöhnliche und entdecke
neue Impulse, kreative Ideen und fantasievolle Wege.

Mit weitem Blick schaue ich über selbst gesetzte Grenzen,
löse mich von alten Pfaden, gestatte Neuem Einlass,
und schätze wert, was ich habe.

Mit weitem Blick kann ich den anderen so nehmen, wie er ist,
weil Weite viele Meinungen zulässt.
Mit weitem Blick bin ich vorausschauend
und gebe der Zukunft eine Chance.

Manchmal braucht es Weitblick,
um auch das Herz weit werden zu lassen,
damit Platz findet, was wirklich zählt, und ich beschenkt werde
durch die Vielfalt des Lebens.

Gott schenke uns Weitblick für unser Tun,
damit wir diese Welt und den Glauben lebendig gestalten.

Liebesbrief an die Kirche

Liebe Kirche,

manchmal ist es nicht leicht, Dich zu lieben, mehr noch:
Manchmal machst Du es mir ganz schön schwer.

Du hast viele Seiten, die ich wunderbar an Dir finde.
Im Kern hast Du ein gutes Herz und manche Deiner Facetten ist wirklich attraktiv. Wenn ich zum Beispiel an all das Gute denke, was Du für notleidende Menschen tust, wenn ich mich erinnere, für welche Botschaft Du stehst und die Gemeinschaft, zu der Du einlädst, dann bin ich ehrlich begeistert.

Doch ich kann meine Fragen und das, was mich stört, nicht immer ausblenden.
Manchmal kommst Du mir vor, als würdest Du in einer anderen Zeit leben.
Manchmal habe ich das Gefühl, Deine Regeln sind zu starr.
Manchmal wünschte ich Dir einen Hauch mehr Frische, Freiheit und Lebendigkeit.

Doch wir zwei, wir sind eine Beziehung eingegangen, damals, bei meiner Taufe. Und seltsam: Irgendwie bist Du mir trotz all meiner Zweifel wichtig geblieben. Mehr noch: Ich setze mich für Dich ein, hier als Mitarbeiter für Dich und Deine Sache.
Haben wir eine Beziehungskrise, Du und ich, weil ich nicht alles toll finde an Dir?

Vielleicht ist es mit uns wie in jeder Beziehung: Es gibt Höhen und Tiefen, es gibt gute Tage und schwierige Zeiten, es gibt schöne Erinnerungen und zugleich Verletzungen, Brüche und Neuanfänge in unserem Miteinander. Und es ist O.K., denn wie schon die Bibel sagt: Alles hat seine Zeit.
Und doch sind wir miteinander verbunden im Glauben an Gott, in der Überzeugung für eine gute Sache.

Vielleicht gilt es das einfach anzunehmen:
Du und ich – zwischen uns ist nicht alles perfekt, aber die Fehler und Schwächen laden dazu ein, gemeinsam zu wachsen.
Du und ich – das ist keine fertige Geschichte, sondern darf immer wieder neu gestaltet werden.
Du und ich – Vergangenheitshymne, Gegenwartsmelodie, Zukunftsmusik.
Du und ich – spannungsvoll und spannend.

Du und ich – eine Liebesgeschichte.

KAPITEL 3

Schatzsuche

Kleine Aktionen zur Ressourcenaktivierung

In Gottes Hände gelegt

Darum geht es

Viele Sitzungen und Vorbereitungstreffen, gerade unter Beteiligung Ehrenamtlicher, finden am Abend statt. Hinter den Teilnehmern liegt bereits ein langer, möglicherweise ereignisreicher Tag. Nun gilt es, erst einmal anzukommen und sich bewusst zu werden, was man an persönlichen Gedanken und Gefühlen mitbringt, um sich dann ganz auf das Treffen einlassen zu können. Dabei geht es nicht um ein „Wegschieben" der eigenen Themen, sondern viel mehr um das Integrieren dieser.

Vorbereitung

In der Mitte des Konferenztisches stehen eine mit Sand gefüllte Schale und mehrere Teelichter. Feuerzeug oder Streichhölzer liegen bereit.

Einführende Worte

Mit folgenden Worten kann die Sitzungsleitung in den Impuls einführen:

Viele von uns haben einen vollen Tag hinter sich. Manches davon ist sicher schon vergessen, anderes beschäftigt vielleicht noch. Vielleicht gibt es Themen, Gedanken, Fragen, die euch in diesen Tagen und Wochen besonders bewegen – im Beruf, in der Familie, im Freundeskreis oder ganz persönlich. Ich möchte euch bitten, einen kurzen Moment darüber nachzudenken, was ihr an persönlichen Themen mitbringt. Vieles davon lässt sich nicht einfach beiseiteschieben, deshalb wollen wir dem, was jeder mitbringt, Raum in unserem Zusammensein geben.
Jeder ist eingeladen, ein Teelicht für das, was ihn beschäftigt, anzuzünden und in die Schale zu stellen.

Abschlussgebet

Nachdem jeder Teilnehmer ein Teelicht entzündet hat, kann die Sitzungsleitung mit folgendem Gebet den Sitzungseinstieg abschließen:

Guter Gott,

jeder von uns hat etwas mitgebracht zu diesem Treffen.
Vielleicht eine Sorge, vielleicht ein Problem.
Vielleicht eine große Freude oder etwas, für das man dankbar ist.
Vielleicht ein Gespräch, das einem nachgeht,
oder eine Begegnung, die einen nicht loslässt.
Vielleicht ein Ereignis, vielleicht eine Erinnerung,
vielleicht das Gefühl, lieber jetzt ganz woanders zu sein.

Jeder von uns hat etwas mitgebracht zu unserem Treffen.
Dir wollen wir es anvertrauen und Dich bitten:
Behüte unseren Schatz an Gedanken, Gefühlen und Bildern,
während wir uns nun anderen Dingen zuwenden.
Trage die Sorgen und Fragen mit, die uns bewegen.
Hilf uns nur für diese Zeit unseres Zusammenseins das, was wir mitbringen, ein Stück loslassen zu können, um frei zu sein für unsere Aufgaben.
Schenke uns Geduld und Gelassenheit mit uns selbst und anderen,
wenn wir spüren, dass es schwer ist, ganz da zu sein.

Sei Du in unserer Mitte.

Amen.

Hinweise

- *Der Impuls kann ein wiederkehrendes Element zu Beginn jeder Sitzung sein.*
- *Die Schale mit Sand und Teelichtern kann gleichzeitig Gestaltungselement auf dem Konferenztisch sein.*
- *Falls es das Setting erlaubt, können die Teelichter am Ende der Sitzung zum weiteren Verbleib in die Kirche gestellt werden.*

Du bist ein Goldstück!

Darum geht es

In Teams und Gremien kommen Menschen verschiedenen Alters mit vielfältigen Professionen, unterschiedlichen Lebenssituationen und Kenntnissen zusammen. Jeder Mensch bringt dabei andere Talente und Stärken mit. Davon kann das Zusammenspiel im Team und in einem Gremium profitieren; es sind Ressourcen, die man sich in der Arbeit nutzbar machen kann. Sich diese Stärken in der Gemeinschaft, aber auch für sich selbst immer wieder bewusst zu machen, kann ein kostbarer Schatz sein.

Vorbereitung

Vor Beginn der Sitzung wird auf jeden Platz ein Goldschokoladentaler und ein Blatt Papier oder eine Karte gelegt. Jeder Teilnehmer erhält einen Stift und wird gebeten, auf den Zettel vor ihm seinen Namen zu schreiben. Material bereitstellen: Stifte und Papier oder Karten, Goldschokoladentaler, Bibel.

Bibelwort

Zum Einstieg wird der Bibeltext „Gott gibt jedem seine Gabe" (1 Korinther 12,4–11) vorgelesen.

Einführende Worte

Mit folgenden Worten kann die Sitzungsleitung den Impuls beginnen:

Im ersten Korintherbrief heißt es, dass Gott jedem von uns verschiedene Gaben und Talente gegeben hat. Sie machen uns aus und einen jeden von uns besonders. Unsere Talente sind kostbare Schätze, unsere Schokoladenseiten. Es tut gut, wenn andere uns erzählen, was sie an uns wertschätzen. Und es ist schön wahrzunehmen, wie viele Talente es in unserer Runde gibt. Ich lade euch ein, einen Stift zu nehmen, durch den Raum zu gehen und für jeden Mitarbeiter

ein kurzes Stichwort auf den Zettel zu schreiben, welches Talent, welche Stärke ihr bei ihm oder ihr seht.

Besteht kein Bedarf zum Schreiben mehr, können die Teilnehmer wieder Platz nehmen und den für sie beschriebenen Zettel lesen. Anschließend kann die Sitzung beginnen.

Hinweis

Der Einstieg eignet sich nur für kleine Gruppen und solche, die sich schon etwas besser kennen.

Ich schenk mir einen Augenblick

Darum geht es

Manchmal kann es gut tun, sich vor einer Sitzung oder zu Beginn einer Besprechung für einen Moment zu sammeln und sich Aufmerksamkeit zu schenken. Dieser Augenblick hilft, sich seiner selbst bewusst zu werden, die eigenen Gedanken und Gefühle zu ordnen und sich auf die bevorstehenden Themen einzustellen. Gerade in hektischen Zeiten oder an einem besonders gefüllten Tag kann dieser Augenblick eine wertvolle Pause zum Innehalten sein.

Kurzmeditation

Die Sitzungsleitung bittet die Teilnehmer, für einen Moment die Augen zu schließen. Nun wird der nachstehende Text vorgelesen. Nach jeder Frage und jeder Strophe sollte eine kurze Pause gemacht werden, damit die Teilnehmer Zeit haben, ihren Gedanken nachzugehen.

Ich schenk mir einen Augenblick.
Ich frage mich:
Wie geht's mir eigentlich gerade?
Wie fühle ich mich heute?
Was beschäftigt mich im Moment, in meiner Arbeit, in meinem Privatleben?
Wer oder was gibt mir Kraft in meinem Alltag?

Ich schenk mir einen Augenblick.
Ich frage mich:
Wie bin ich hier?
Was ist heute schon alles gewesen?
Was wartet nach unserem Treffen noch auf mich?

Ich schenk mir einen Augenblick.
Ich frage mich:
Was wünsche ich mir heute für unser Treffen?

Was nehme ich mir vor, was möchte ich sein lassen?
Was bringe ich an Themen, Fragen und Ideen mit?

Ich schenk mir einen Augenblick
und lege in Gottes Hände, was mich bewegt.

Ich schenk mir einen Augenblick.
Ich atme noch einmal tief durch.
Ich öffne die Augen und bin ganz da und bereit.

Hinweis

Bei diesem Impuls ist es wichtig, für Stille zu sorgen und Störungen zu vermeiden!

Memories – Erinnerungen

Darum geht es

Manche Sitzung erfordert zu Beginn eine kurze Rückschau und Rückbesinnung, zum Beispiel bei der ersten Sitzung nach einer vom Gremium durchgeführten Veranstaltung oder nach einer längeren Sitzungspause. Auch ein Austausch mit anderen kann in all diesen Fällen hilfreich sein.

Vorbereitung

Zu Beginn der Sitzung lädt die Leitung zu einer kurzen Rückschau ein. Dazu werden unter den Teilnehmern Memory-Karten verteilt. Zu jeder verteilten Karte gibt es auch ein Gegenstück. Die Teilnehmer sind nun eingeladen, durch den Raum zu gehen und untereinander ihre Memorykarte zu tauschen. Auf ein Signal der Leitung hin, bleiben die Teilnehmer stehen, betrachten ihre Karte und stellen sich mit dem Teilnehmer, der das Gegenstück besitzt, zusammen. Die Leitung benennt nun eine Impulsfrage, über welche die zwei zusammenstehenden Teilnehmer ins Gespräch kommen sollen. Wird der Gesprächsbedarf weniger, lädt die Leitung zum erneuten Tausch der Memorykarten untereinander ein. Es beginnt eine weitere Gesprächsrunde, in welcher sich neue Paare bilden, die sich zu einer anderen Frage austauschen. Nach Abschluss aller Gesprächsrunden kann das Gremium wieder im Plenum zusammenkommen, um gegebenenfalls noch einmal über die Fragen in großer Runde in den Austausch zu kommen. Bereitlegen: Memory-Kartenpaare in ausreichender Anzahl.

Fragen für die erste Sitzung nach einer Veranstaltung

- Wie geht es mir, wenn ich auf unsere Veranstaltung zurückschaue? Was habe ich als positiv, was als negativ erlebt?
- Gibt eine Begegnung, ein Gespräch, einen Moment, der mir von unserer Veranstaltung in besonderer Erinnerung geblieben ist? Wenn ja, welcher?

- Habe ich Rückmeldungen von Teilnehmenden erhalten? Wenn ja, welche waren dies? Habe ich ein Feedback aus den Medien wahrgenommen?
- Wenn ich auf unsere Veranstaltung zurückblicke, was würde ich beim nächsten Mal beibehalten, was anders machen?
- Was nehme ich an Kritik, Ideen, Fragen und Wünschen für die Zukunft aus der Veranstaltung für unsere Arbeit mit?

Fragen für die erste Sitzung nach einer längeren Pause

- Wenn ich an unsere letzte Sitzung vor der Pause denke, welche Themen fallen mir ein, die wir bearbeitet haben?
- Wenn ich auf unsere letzte Sitzungszeit zurückblicke, wie war die Stimmung unter uns? Wie ging es mir in unserem Kreis?
- Mit welchem Gefühl bin ich in die Sitzungspause gestartet? Was habe ich aus der letzten Arbeitsphase für mich mitgenommen?
- Wie geht es mir mit dem Start nach der Pause? Welche Themen und Wünsche bringe ich für heute mit?
- Wenn ich an die kommenden Wochen und Monate denke, was möchte ich langfristig mit diesem Gremium auf den Weg bringen? Was ist mir für unseren Kreis wichtig?

Gottes Segen für unser Tun

Darum geht es

Viele Tagesordnungen zahlreicher Sitzungen und Konferenzen sind oft gut gefüllt und erfordern einen straffen Zeitplan und einen raschen Beginn. Manchmal kann es jedoch guttun und hilfreich sein, mit einem Moment der Stille und der Besinnung zu starten, sich so zu sammeln und sich selbst und die Arbeit unter Gottes Segen zu stellen.

Segen

Die Sitzungsleitung bittet die Teilnehmer, die Augen zu schließen und im Folgenden eine Hand jeweils auf den Teil ihres Körpers zu legen, der im nachstehenden Text benannt wird. Der Impuls endet mit dem Kreuzzeichen.

Gott segne deinen **Mund**,
damit du wertschätzende Worte findest für dich selbst und andere,
damit du Mut hast, von deinen Gedanken und Ideen zu erzählen,
und du ein Lächeln verschenken kannst.

Gott segne deine **Augen**,
damit du den anderen und das, was ihm wichtig ist, gut im Blick hast,
damit du nicht das Wesentliche aus den Augen verlierst
und das Gute und Schöne in deinem Leben wahrnehmen kannst.

Gott segne deine **Stirn**
und all die Gedanken, die dahinter verborgen sind,
damit du Klarheit findest in dem, was dich beschäftigt,
damit du mit Vernunft auf die Dinge blickst,
und von Gottes Geist inspiriert wirst.

Gott segne deine **Hand**,
damit sich andere willkommen fühlen, wenn du sie begrüßt,
damit du deine Hand anderen zur Versöhnung reichen kannst

und damit du mit anpacken kannst, wenn deine Hilfe gebraucht wird.

Gott segne dein **Herz,**
damit du dich gut und wohl fühlst,
damit du mit Liebe und Güte auf die Menschen um dich herum und auf dich selbst schaust
und dich von deinem Herzen in deinem Tun lenken lässt.

So segne uns der gute Gott, Vater, Sohn und Heiliger Geist. Amen.

Am Ende des Textes öffnen die Teilnehmer wieder die Augen.

Mein Motivationskick

Darum geht es

Manchmal fehlt es einem einfach an Motivation für eine anstehende Sitzung. Vor allem in Zeiten hoher Terminbelastung und großer Themenfülle kann ein vereinbartes Treffen auch Druck erzeugen. In einer solchen Situation mag es helfen, sich einen kleinen Motivationsschub zu verschaffen, seine Ressourcen zu aktivieren und sich so ein wenig aufzumuntern.

Vorbereitung

Die Sitzungsleitung hat im Vorfeld bereits eine Schale mit den auf der Kopiervorlage aufgelisteten kleinen Impulsen (Seite 43f., mehrfach kopiert und ausgeschnitten) vorbereitet, die durch eigene Ideen ergänzt werden können. Dabei darf die Schale auch mehrere gleichbeschriftete Zettel enthalten.

Einführende Worte

Mit folgenden Worten kann die Leitung den Impuls beginnen:

Manchmal fehlt einfach die Motivation. Gerade wenn ein langer, voller Tag hinter uns liegt, wenn uns Themen und Fragen im Kopf herumschwirren oder wir uns müde und abgespannt fühlen, fällt es schwer, sich noch einmal zu einer Sitzung aufzuraffen. Ich habe für uns kleine Zettel mitgebracht, auf denen jeweils ein Auftrag steht. Die Gedanken und Bilder, die euch dabei einfallen, sollen ein kleiner Motivationskick sein, der euch vielleicht eine Portion neue Kraft geben kann.

Aktion

Die Schale mit den Zetteln wird herumgereicht. Jeder Teilnehmer nimmt sich einen Zettel.

Denke an einen besonders schönen Moment an diesem Tag. Schließe kurz die Augen, stell ihn dir vor und spüre ihm nach!	Was könntest du dir einfach mal gönnen, wenn dieser Termin geschafft ist? Mit was könntest du dir selbst eine Freude machen? Nimm dir ganz fest vor, dich tatsächlich später damit zu belohnen.
Denke an einen Menschen, der immer für dich da ist und der dir viel bedeutet. Stell dir diesen Menschen für einen Moment vor und lass dich in Gedanken von ihm umarmen.	Schließ die Augen und sprich ein kurzes Gebet. Sage Gott, was dich bewegt und was an Gedanken und Gefühlen da ist. Bitte ihn um Kraft für die kommende Besprechung.
Überlege dir drei Stärken, die du hast! Das ist das, was du hierher mitgebracht hast und einbringen darfst. Du bist wunderbar, so wie du bist!	Was brauchst du gerade? Frische Luft, einen Kaffee? Einen Moment, um noch rasch eine SMS zu verschicken? Nimm dir kurz die Zeit für das, was jetzt noch dran ist und sorge für dich.
Welche Rückzugsorte hast du? Ein bestimmter Platz in der Natur? Deine Wohnung? Die Kirche? Schließe die Augen, gehe für einen kurzen Moment in Gedanken zu diesem Ort und versuche dort neue Kraft zu tanken.	Schließe die Augen und atme einige Male tief ein und aus. Lass die Gedanken und Gefühle einfach vorbeiziehen. Atme ruhig und gelassen, und wenn du dich ein wenig erholt fühlst, öffne die Augen wieder.

Denke an ein schönes Erlebnis in den vergangenen Tagen, das dir Kraft und Freude geschenkt hat. Stell es dir noch einmal so konkret wie möglich vor, mit allen Bildern, Farben und Gerüchen. Lass es für einen Moment in dir wirken und dir Kraft geben.	„Tu deinem Körper etwas Gutes, damit die Seele Lust hat, darin zu wohnen!" *(Teresa von Avila)* Was könntest du deinem Körper nach diesem Termin Gutes tun? Mach einen konkreten Plan und genieße die Vorfreude!
Schließe die Augen. Gott wünscht sich für dich, dass du aufrecht durchs Leben gehst. Stell dir für einen Moment vor, wie er dir alle Sorgen abnimmt und sie in Gutes verwandelt, wie er dich aufrichtet und trägt. Spüre, wie es sich anfühlt, wenn alle Belastung von dir abfällt und du dich in Gott geborgen fühlen darfst.	Vorfreude ist die schönste Freude, heißt es. Auf was freust du dich in den kommenden Tagen? Auf welche Begegnung oder welches Ereignis fieberst du hin? Stell es dir für einen Augenblick ganz konkret vor und male dir aus, wie es wohl sein wird. Genieße die Vorfreude, die sich in dir ausbreitet.

Gebet

Mit folgendem Gebet kann die Leitung den Impuls abschließen:

Guter Gott,

schenke uns den Kick Motivation, den wir brauchen,
um jetzt gut hier sein zu können.

Hilf uns auf das zu schauen, was uns an Gutem passiert
und geschenkt ist,
um daraus Kraft zu schöpfen für diese Stunde.

Sei Du für uns eine Kraftquelle, die nie versiegt.

Amen.

Sorge dich nicht – denn Gott sorgt für dich

Darum geht es

Viele kirchliche, soziale und pädagogische Arbeitsfelder haben mit wachsenden Aufgaben, sich verändernden Strukturen und einer schwieriger werdenden finanziellen Situation zu kämpfen. Dies kann Sorgen und Ängste bei den Mitarbeitenden hervorrufen. Dem steht Gottes Zusage gegenüber: Sorgt euch nicht um euer Leben – Gott sorgt für euch (Matthäus 6,19–34 und Lukas 12,22–30). Dieses Versprechen kann Gelassenheit schenken und ein Bewusstsein dafür schaffen, dass Haupt- und Ehrenamtliche vieles tun und bewegen können, sie jedoch auch auf Gottes Wirken vertrauen dürfen.

Vorbereitung

Bibeltext bereitstellen.

Ein-Wort-Sorgensammlung

Die Teilnehmer des Treffens werden gebeten, in den Raum hinein einen Begriff oder einen Namen zu sagen, den sie gerade mit einer beruflichen Sorge verbinden, z. B. ein Projekt, das ihnen Bauchschmerzen bereitet, eine Person, mit der es Streit gibt, oder eine Aufgabe, die schwerfällt. Das Genannte bleibt unkommentiert und ohne weitere Erklärung stehen.

Bibelwort

Wenn niemand mehr etwas sagen möchte, wird der Bibeltext „Gott kennt eure Sorgen“ (Lukas 12,22–30) vorgelesen.

Abschluss

Mit folgenden Worten kann die Leitung den Impuls beenden:

Wir haben unsere Sorgen und Dinge ausgesprochen, die uns derzeit in unserer Arbeit schwerfallen. Wir haben Gottes Wort gehört, der uns zusagt, dass er sich um uns sorgt und für uns da ist. Diese Zusage kann uns Kraft und Halt schenken, wenn es mal schwierig wird. Mit ihm als Rückenstärkung wollen wir nun in unsere Arbeit starten!

Von dieser Welt

Darum geht es

Kirchliches Leben und Handeln darf sich nicht außerhalb von Gesellschaft und alltäglichem Leben abspielen. Vielmehr sind die Themen, Fragen und Nöte der Menschen der Auftrag und die Grundlage für kirchliche Angebote und Entscheidungen. Gottes Botschaft kann nicht ungeachtet dessen verkündet werden, was in der Welt geschieht. Deshalb kann es guttun, sich zu Beginn einer Sitzung bewusst zu machen, was derzeit aktuell ist – sei es vor Ort, überregional oder gar im Weltgeschehen – und was die Menschen bewegt.

Vorbereitung

Die Sitzungsleitung bringt die an diesem Tag erschienene regionale Tageszeitung oder die aktuelle Ausgabe einer landesweit erscheinenden Zeitung mit. Bereits im Vorfeld kann die Leitung die Zeitung nach mehreren interessanten Überschriften durchschauen, die ausdrücken, was Menschen gerade bewegt; dies kann aber auch spontan geschehen. Bereitlegen: aktuelle Tageszeitungen.

Einführende Worte

Mit folgenden Worten kann die Leitung den Impuls beginnen:

Als Christen haben wir den Auftrag, die Welt und das Leben der Menschen mitzugestalten. Im Konzilsdokument „Gaudium et spes" heißt es, dass Freude und Hoffnung, Trauer und Angst der Menschen heute auch die Freude und Hoffnung, Trauer und Angst der Christen und der Kirche sein müssen. Wir dürfen nicht um uns selbst kreisen, sondern müssen an den Themen der Menschen unseren Auftrag als Kirche erkennen. Deshalb lohnt sich ein Blick darauf, was die Menschen aktuell bewegt.

Aktion

Im Folgenden liest die Leitung einige der Überschriften vor. Das Gehörte wird unkommentiert gelassen und kann in einem Moment der Stille nachklingen.

Gebet

Mit folgendem kurzen Gebet kann die Leitung in den Beginn der Sitzung überleiten:

Guter Gott,

hilf uns, die Zeichen der Zeit zu erkennen.
Lass all das, was die Menschen bewegt, Motivation und Grundlage für unser Handeln sein.
Lass uns die nicht aus dem Blick verlieren, die in der Gesellschaft unbeachtet bleiben und schenke uns die Kraft, ihnen unser Ohr und unsere Stimme zu schenken.
Gib uns die Fähigkeit, uns mutig einzumischen und uns mit deiner Botschaft und unseren Ideen einzubringen in das Geschehen dieser Welt.

Sei du jetzt in unserer Mitte.

Amen.

Unser Auftrag

Darum geht es

Die immer komplexeren und zugleich umfangreichen pastoralen Strukturen erfordern oft immer neue Gremien, Vernetzungstreffen und Kooperationen. Um sich dabei nicht zu verzetteln, kann es hilfreich sein, zu Beginn einer Sitzungsperiode oder zur Vergewisserung zwischendurch den gemeinsamen Auftrag zu klären. Ist dieser einmal formuliert, kann sich die gemeinsame Arbeit daran orientieren und daraufhin ausrichten.

Vorbereitung

Moderationskarten und Stifte, Stellwand und Nadeln bereitstellen.

Bibelwort und Überleitung

Die Leitung liest zu Beginn den Bibeltext Lukas 5,1–11 (Berufung der ersten Jünger) vor.
Mit folgenden Worten kann die Leitung fortfahren:

Jesus hat den Auftrag für die Arbeit Simons und der anderen Jünger klar formuliert: Von jetzt an wirst du Menschen fangen. Gemeint ist, dass es der Auftrag der Jünger war, Menschen für die Botschaft Jesu zu gewinnen, indem sie ihnen davon erzählen, ihnen vorleben, worum es Jesus geht und Jesus begleiten und unterstützen. Wir sind ebenfalls Mitarbeiter Jesu. Auch für uns ist es wichtig, dass wir uns immer wieder dessen vergewissern, was unser Auftrag ist. Für unser Gremium wollen wir das heute noch einmal zu Beginn unseres Treffens tun, um mit dem Wissen um diesen Auftrag gut weiterarbeiten zu können.

Aktion

Auf dem Sitzungstisch liegen Stifte und Moderationskarten aus. Jeder Teilnehmer ist eingeladen, aufzuschreiben, was aus seiner Sicht der Auftrag des Gremiums ist. Vorab sollte in der Gruppe abgestimmt werden, ob es um eine Auftragsklärung für die grundsätzliche Zusammenarbeit oder für die einzelne Sitzung geht. Die Ergebnisse werden zusammengetragen und an einer Stellwand visualisiert. Das so entstandene Bild kann Grundlage für ein vertieftes Gespräch über den Auftrag oder die Weiterarbeit sein.

„Weil du mir teuer und wertvoll bist ..."

Darum geht es

Menschen, die sich haupt- oder ehrenamtlich für die Kirche engagieren, haben eine gemeinsame Grundlage: den Glauben an Gott. Manchmal tut es gut, sich zum einen diesen Gott wieder bewusst zu machen, der uns seine Liebe zusagt und sich so neu stärken zu lassen für seine Aufgabe. Zum anderen kann es bereichernd sein, sich miteinander über den eigenen Glauben im Team auszutauschen, denn dies ist bei aller Unterschiedlichkeit das verbindende Element.

Vorbereitung

Die Sitzungsleitung hat im Vorfeld Bibelverse (siehe Kopiervorlage Seite 53) kopiert und ausgeschnitten. In größeren Gruppen können die gleichen Sätze auch mehrfach verteilt werden.

Bibelwort

Der Bibeltext „Die Heimkehr Israels" (Jesaja 43,1–7) wird vorgelesen.

Aktion

Jedem Teilnehmer wird ein Vers des Jesaja-Textes ausgeteilt. Die Teilnehmer sind nun eingeladen, sich in Zweiergruppen über die unterschiedlichen Verse, die sie bekommen haben, auszutauschen. Dabei können folgende Impulsfragen helfen:

- Welche Zusage Gottes steckt für mich in diesem Satz?
- Was nehme ich aus diesem Satz und aus dem Jesaja-Text für mich persönlich und für mein Haupt- oder Ehrenamt mit?

Nach ca. fünf Minuten Austausch kommt die Gruppe erneut im Plenum zusammen. Die Leitung liest abschließend noch einmal den gesamten Jesaja-Text vor.

Jetzt aber – so spricht der Herr, der dich geschaffen hat, Jakob, und der dich geformt hat, Israel: Fürchte dich nicht, denn ich habe dich ausgelöst, ich habe dich beim Namen gerufen, du gehörst mir. *(Jes 43,1)*	Wenn du durchs Wasser schreitest, bin ich bei dir, wenn durch Ströme, dann reißen sie dich nicht fort. Wenn du durchs Feuer gehst, wirst du nicht versengt, keine Flamme wird dich verbrennen. *(Jes 43,2)*
Denn ich, der Herr, bin dein Gott, ich, der Heilige Israels, bin dein Retter. Ich gebe Ägypten als Kaufpreis für dich, Kusch und Seba gebe ich für dich. *(Jes 43,3)*	Weil du in meinen Augen teuer und wertvoll bist und weil ich dich liebe, gebe ich für dich ganze Länder und für dein Leben ganze Völker. *(Jes 43,4)*
Fürchte dich nicht, denn ich bin bei dir. Vom Osten bringe ich deine Kinder herbei, vom Westen her sammle ich euch. *(Jes 43,5)*	Ich sage zum Norden: Gib her!, und zum Süden: Halt nicht zurück! Führe meine Söhne heim aus der Ferne, meine Töchter vom Ende der Erde! *(Jes 43,6)*
Denn jeden, der nach meinem Namen benannt ist, habe ich zu meiner Ehre erschaffen, geformt und gemacht. *(Jes 43,7)*	

KAPITEL 4

Durch das Jahr

Segen, Gebete, Meditationen

Segen zum neuen Jahr

Gott, der Herr, segne uns und unser Tun im neuen Jahr.

Er segne unser Zusammensein,
die gemeinsamen Stunden und unsere Gespräche
und stärke unsere Verbundenheit untereinander.

Er segne unsere Arbeit,
was wir planen und umsetzen, was wir bedenken und aussprechen,
und schenke uns seinen Heiligen Geist, der unter uns wirkt.

Er segne unsere Entscheidungen,
dass wir sie zum Wohl der Menschen treffen, für die wir Kirche gestalten, und dies mit Weitblick, Herz und Verstand tun.

Er segne unsere Konflikte,
vor die wir im neuen Jahr als Aufgabe und Herausforderung gestellt werden:
Dass wir in unserem Ringen miteinander nie den Respekt voreinander verlieren und Wege gehen, die Frieden schaffen.

Er segne unsere Gemeinde/unsere Einrichtung,
dass sie ein Ort ist, der Heimat bietet, Platz zum Ausruhen ist,
Gemeinschaft verspricht und mit seiner Nähe beschenkt.

Gott, der Herr, segne unser gemeinsames neues Jahr.

Verzicht – Impulstext zur Fastenzeit

Fastenzeit – Zeit des Verzichts,
der Rückbesinnung auf das, was wirklich zählt.
Wie kann Verzicht unter uns aussehen?

Vielleicht können wir verzichten

... auf eine halbe Stunde unserer Sitzung, die uns allen geschenkt wird, für uns selbst und das, was uns am Herzen liegt,
... auf unbedachte Worte, wenn ich dem anderen eigentlich gern meine Meinung sagen möchte,
... auf meine Wut, wenn der andere etwas tut, was mir nicht passt,
... auf das Zuspätkommen, weil die Zeit der anderen kostbar ist,
... auf das Schweigen, um einander von dem zu erzählen, was uns bewegt.

Vielleicht können wir verzichten

... auf Streit, damit statt Unfrieden lebendige Gemeinschaft Platz hat,
... auf mein Recht, wenn es um nichts geht, was wirklich wichtig ist,
... auf Kritik, und stattdessen mal ein Lob aussprechen,
... auf das Klagen über Missstände und dafür dankbar auf das Gute schauen und es wertschätzen,
... auf das Auseinandergehen, wenn noch Zeit bliebe, zusammenzusein und einander zu begegnen im persönlichen Gespräch.

Verzicht als Beginn des Reiches Gottes im Kleinen.
Fastenzeit – Zeit für mehr Güte und Menschlichkeit.

Gebet für die Erfahrung von Ostern

Guter Gott,

wir bitten Dich um die Erfahrung von Ostern.

Ostern, das heißt:
zulassen, was mich traurig macht,
annehmen, was an Schwierigem und Belastendem da ist,
aushalten, was mich niederdrückt,
so wie Jesus unter dem Kreuz.

Ostern, das heißt:
hindurchgehen durch die Traurigkeiten meines Lebens,
mit Hoffnung und lebendiger Kraft einen Neuanfang wagen,
getragen von Gott das Leben wieder spüren,
so wie Jesus, als er auferstand.

Schenke uns die Fähigkeit, Menschen beizustehen und ihre Sorgen mitzutragen, so wie Simon von Zyrene Jesus half, das Kreuz zu tragen.
Gib uns die Stärke, Gott, auch dann zu vertrauen, wenn alles um uns herum dunkel und unerträglich zu sein scheint, so wie Jesus am Kreuz, als er nach dir, seinem Vater, rief.
Lass uns dankbar annehmen können, was uns an Unerwartetem und Schönem im Leben geschenkt wird, und anderen von Deiner Güte erzählen, so wie die Frauen am leeren Grab.
Hilf uns, daran glauben zu können, dass der Tod nicht das letzte Wort hat, so wie Jesus es uns durch seine Auferstehung zeigt.

Schenke Du, Gott, uns die Erfahrung von Ostern.
Nicht nur in diesen Tagen, sondern an allen Tagen unseres Lebens.

Amen.

Rosenmeditation im Marienmonat Mai

Darum geht es

Maria, die Mutter Jesu, ist die bedeutendste Frau der Bibel und des christlichen Glaubens. Die Kirche verehrt sie an verschiedenen Feiertagen, und als Fürsprecherin besonders im Marienmonat Mai. Der Impuls greift diese hohe Bedeutung Marias für viele Gruppen und Gemeinden auf, stellt Maria in den Mittelpunkt und setzt sie in Bezug zum persönlichen Leben und Glauben der Sitzungsteilnehmer.

Vorbereitung

Die Leitung besorgt im Vorfeld für jeden Teilnehmer eine Rose und legt diese auf die Plätze am Konferenztisch. Außerdem bereitstellen: eine große Vase mit Wasser.

Meditation

Die Leitung liest folgenden Meditationstext langsam vor. Nach jedem Absatz sollte eine kurze Pause gemacht werden.

Eine Rose – schön und doch widersprüchlich.

Duftend, farbenfroh und doch voller Dornen.

Im christlichen Glauben ein Symbol für Maria.

Zugleich kann die Rose ein Sinnbild für Marias Leben sein: Es gab schöne, beschenkende Momente, wie die Geburt ihres Sohnes, die Freundschaft zu Elisabet, die Liebe und Treue Josefs und die Augenblicke, in denen sie am Leben und Wirken Jesu Anteil haben durfte. Doch es gab auch schmerzliche Erlebnisse, vor allem das Leiden und Sterben ihres Kindes. Maria hat mit sich gerungen, nach Orientierung gesucht, als der Engel ihr die Botschaft von ihrer ungewöhnlichen Aufgabe verkündete, den Sohn Gottes zur Welt zu bringen. Fragen und Ängste stachen wie Dornen in Maria, als ihr Leben

und das Leben ihres Sohnes so besonders und anders als geplant verliefen und ihr Kind am Kreuz starb.

Auch wir kennen in unserem Leben die schönen und beschenkenden Seiten. Doch wir kennen auch jene Seiten, die uns verletzen, wehtun und schmerzlich für uns sind. Auch wir kennen es, orientierungslos zu sein und sich von dornengleichen Sorgen aus der Bahn werfen zu lassen. Auch unser Leben gleicht dem Symbol einer Rose, gleicht dem Leben Marias.

Vielleicht bringt uns das Maria ein Stück näher. Ihr Leben war nicht perfekt. Sie kannte und durchlebte wie wir schöne und schwierige Lebenszeiten. Doch in allem vertraute sie Gott und ließ sich selbst auf das Unmögliche und Unfassbare in ihrem Leben ein, im Glauben daran, dass Gott sie begleitete. Maria lädt uns ein, unseren Lebensweg, einen Weg mit zwei Seiten, wie sie im Glauben an Gottes Nähe zu gehen.

Die Rose – ein Symbol für unser Leben. Ein Symbol für die Verbundenheit mit Maria und der Ermutigung zum Gottvertrauen.

Vielleicht kann ich an diesem Tag mir selbst die Rose, die vor mir liegt, zum Geschenk machen und mir damit Liebe, Achtung und Anerkennung zusprechen. Denn sich selbst anzunehmen, mit seinen Stärken und schönen Seiten, aber auch mit den schwierigen, dornigen Facetten und sein Leben so zu bejahen, wie es ist, das ist nicht immer leicht. Gott gab Maria diese Zusage und gibt sie auch uns.

Die Teilnehmer sind eingeladen, die Rose am Ende des Treffens mit nach Hause zu nehmen.

„... und sie begannen zu reden" – Bibelgespräch zu Pfingsten

Darum geht es

Pfingsten – Fest des Heiligen Geistes und des Geburtstages der Kirche. Der Impuls lädt ein, das Pfingstfest als Anlass zu nehmen, um über das Wirken des Heiligen Geistes und die Situation in der eigenen Gemeinde oder Einrichtung ins Gespräch zu kommen.

Vorbereitung

Bibeltexte und Blätter mit den Impulsfragen werden bereitgelegt.

Bibelwort

Die Bibeltexte „Das Pfingstereignis" (Apostelgeschichte 2,1–12) und „Das Leben der jungen Gemeinde" (Apostelgeschichte 2,43–47) werden nacheinander vorgelesen.

Aktion

Die Leitung ordnet nun jeder Ecke des Raumes eine der nachstehenden Impulsfragen zu und legt diese dort verschriftlicht aus. Die Teilnehmer können sich für eine der Ecken entscheiden und zu dieser stellen. Sie sind eingeladen, nun in den dort entstehenden Kleingruppen über die jeweilige Impulsfrage ins Gespräch zu kommen:

- Wie können wir den Menschen Gottes Botschaft verständlich weitergeben? Was ist eine angemessene Sprache und Form?
- Wo wünschen wir uns einen frischen Wind und einen neuen Geist?
- Woran ist erkennbar, dass wir eine lebendige christliche Gemeinschaft sind?
- Wie können wir Offenheit für fremde Menschen zeigen, die Gott uns „hinzufügen" will – in der Gemeinde/Einrichtung und in unserem Gremium?

Nach ca. 5 Minuten lädt die Leitung dazu ein, dass eine Person aus jeder Kleingruppe kurz von den Gesprächen erzählt. Schließlich kommen die Teilnehmer wieder im Plenum zusammen. Hier besteht die Möglichkeit, gemeinsam zu überlegen, ob es aus den Gesprächen und dem Gehörtem einen Aspekt gibt, der in der kommenden Zeit weiter bedacht oder gar besprochen werden sollte. Die Leitung kann dies schriftlich festhalten und an anderer Stelle wieder einbringen.

Mit folgendem Gebet kann der Impuls abgeschlossen werden:

Gebet

Guter Gott,

wir bitten Dich um Deinen Heiligen Geist in unserer Arbeit:
dass er uns Freude daran schenkt, anderen von Dir in Worten und Taten zu erzählen,
dass er uns Mut gibt, Neues zu wagen und die Zeichen der Zeit zu bedenken,
dass er uns hilft, lebendige Gemeinschaft zu sein, in der man sich getragen und zuhause fühlt,
dass er uns die Fähigkeit schenkt, offen gegenüber allen Menschen zu sein und Fremde auf gute Weise willkommen zu heißen.

Sei Du durch den Heiligen Geist mitten unter uns.

Amen.

Hinweis

Der Impuls eignet sich in dieser Form vor allem für größere Gruppen. In kleineren Gruppen können die Impulsfragen jeweils zu zweit oder dritt in Tischgruppen besprochen werden.

Gebet vor den Sommerferien

Gott, Vater im Himmel,

Du schenkst uns Zeiten der Arbeit und Zeiten zum Aufatmen.

Wir danken Dir für die Zeit der Arbeit,
der Ideen und des gemeinsamen Tuns der letzten Wochen und Monate, für all das, was wir bewegen konnten und wo wir gute Begegnungen erlebt haben.
Wir legen in Deine Hände zurück, was uns nicht gelungen ist und womit wir hadern.

Mit den Sommerferien beginnt eine Zeit,
in der wir Abstand vom Alltag gewinnen können,
neue Eindrücke sammeln dürfen
und uns Zeit zum Ausruhen geschenkt ist.

Beschütze uns,
wenn wir unterwegs sind und auf Reisen gehen.
Segne unsere Begegnungen, unsere Gespräche und
unser Zusammensein mit Familie und Freunden.
Schenke uns neue Kraft für unsere Arbeit, für all die Fragen, die uns bewegen und für die Herausforderungen, vor denen wir stehen.

In unserem letzten Zusammensein vor den Ferien wollen wir uns nun noch einmal Zeit nehmen für die Aufgaben, die uns gestellt sind. Doch wenn wir nachher auseinandergehen, dann lass uns miteinander verbunden bleiben in unserem gemeinsamen Auftrag und gestärkt und mit neuer Freude einander wieder begegnen können.

Amen.

Erntedank – Fest der Dankbarkeit

Darum geht es

Erntedank ist das Fest, an dem wir Gott für seine Gaben in der Natur danken. Es ist ein Fest der Dankbarkeit. Dieser Impuls möchte dazu einladen, die Haltung der Dankbarkeit in die Arbeit als Gremium oder Team zu übernehmen. Nicht selten ist der Blick auf das, was im eigenen Arbeitsfeld geschieht, defizitorientiert. Häufig wird überlegt, wo man sich verbessern, wie man mehr schaffen und leisten kann – gleichzeitig steht allen vor Augen, was nicht gut läuft. Dieser Impuls lädt ein, den Blick bewusst auf das Positive, die Ressourcen und das Gelingende zu richten und sich davon motivieren zu lassen.

Einführende Worte

Mit folgenden Worten kann die Leitung in den Impuls einführen:

Erntedank – Fest der Dankbarkeit. Wir blicken dankbar auf das, was Gott uns zum Leben schenkt. Wir wollen dieses Fest zum Anlass nehmen, unseren Blick auf das Gelingende in unserer Arbeit zu richten und zu fragen: Wofür sind wir in unserer Gemeinde/unserer Einrichtung eigentlich dankbar?
Ich lade euch ein, einen Moment darüber nachzudenken.

Ein-Wort-Sammlung

Nach einem kurzen Augenblick des Nachdenkens lädt die Leitung dazu ein, ein Stichwort oder einen Namen laut auszusprechen: etwas, wofür man Dankbarkeit mit Blick auf das Arbeitsfeld empfindet. Das Gesagte soll dabei unkommentiert bleiben.

Mit folgendem Gebet kann der Impuls abgeschlossen werden:

Gebet

Guter Gott,

es gibt vieles, für das wir dankbar sind in unserer Gemeinde/in unserer Einrichtung.

Wir danken Dir für all das, was uns beschenkt und bereichert, für das, was uns voranbringt, innehalten lässt, uns näher zu Dir bringt und unsere Gemeinschaft stärkt.

Schenke uns die Gabe, immer wieder mit einer Haltung der Dankbarkeit und Wertschätzung auf unsere Ressourcen und das Positive, was um uns herum geschieht, zu schauen, ohne das, was einer Korrektur bedarf, aus dem Blick zu verlieren.

Lass uns aus diesem Schatz des Gelingenden Kraft schöpfen für unsere Aufgabe.

Amen.

 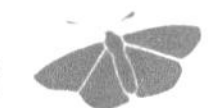

Im Gedenken an ... – Impuls zu Allerseelen

Darum geht es

An Allerseelen gedenkt die Kirche der Verstorbenen. Auch im Team oder in einem Gremium kann dieser Gedenktag genutzt werden, um sich an Verstorbene aus der Gemeinde oder der Einrichtung zu erinnern. Aber auch dem persönlichen Gedenken und den Menschen, die jeder Teilnehmer aus seinem privaten Umfeld kennt, kann Raum geschenkt und so die Trauer des anderen mitgetragen werden.

Vorbereitung

Für den Impuls werden eine schlichte große Stumpenkerze und ein Kerzenstift benötigt. Streichhölzer bzw. Feuerzeug liegt bereit.

Einführende Worte

Mit folgenden Worten kann die Leitung in den Impuls einführen:

Zum Fest Allerseelen gedenken wir der Verstorbenen. Wir besuchen sie auf dem Friedhof, beten für sie und zünden eine Kerze für sie an. Auch wir wollen uns heute einen Moment Zeit nehmen, an Menschen zu denken, von denen wir Abschied nehmen mussten, sei es in unserem beruflichen oder in unserem privaten Umfeld. Schenken wir diesen Menschen einen Platz unter uns und tragen wir einander in unseren Erinnerungen und unserer Trauer mit.

Aktion

Im Folgenden werden die Kerze und der Stift herumgereicht. Bei einer größeren Gruppe können dies auch mehrere Kerzen sein. Die Teilnehmer sind eingeladen, mit dem Kerzenstift ein oder mehrere Namen von Verstorbenen, an die sie in besonderer Weise denken, auf die Kerze zu schreiben. Hatten alle dazu die Möglichkeit, wird die Kerze in die Mitte des Konferenztisches gestellt und entzündet.

Mit folgendem Gebet kann die Leitung den Impuls abschließen:

Gebet

Guter Gott,

wir gedenken der Menschen, von denen wir Abschied nehmen mussten.

Traurig stehen wir vor Dir, aber auch voller Hoffnung und im Glauben an ein Leben nach dem Tod.

Wir bitten Dich:
Lass unsere Verstorbenen bei Dir geborgen sein.
Tröste uns in unserer Traurigkeit und lass uns einander tragen und stützen.
Schenke uns das Vertrauen auf ein Wiedersehen im Himmel.

Amen.

Hinweis

Die Kerze kann zu jeder Sitzung während des Totengedenkmonats November entzündet werden oder in der Kirche einen besonderen Platz erhalten.

Alles hat seine Zeit – Impuls zum neuen Kirchenjahr

Darum geht es

Mit dem ersten Adventssonntag beginnt das neue Kirchenjahr und damit eine festgelegte Abfolge von kirchlichen Feiertagen und Ritualen. Der Impuls stellt den Beginn des Kirchenjahres in den Mittelpunkt, knüpft an die aktuelle Situation der Teilnehmer an und stellt beides unter Gottes Segen.

Vorbereitung

Der Bibeltext Kohelet 3,1–8 wird für jeden Teilnehmer in Kopie bereitgestellt.

Einführende Worte

Mit folgenden Worten kann die Leitung in den Impuls einführen:

Das neue Kirchenjahr beginnt. Es strukturiert das kirchliche und religiöse Leben durch die Abfolge von Festen und Feiertagen, beginnend mit dem Advent. Jedem Fest ist eine bestimmte Zeit gegeben. So ist es auch in unserem Leben. Für alles gibt es eine bestimmte Zeit. Davon berichtet auch der alttestamentliche Bibeltext aus dem Buch Kohelet.

Bibelwort

Der Bibeltext Kohelet 3,1–8 wird den Teilnehmern als Kopie ausgeteilt und vorgelesen.

Aktion

Die Leitung bittet die Teilnehmer zu überlegen, wofür derzeit für sie ganz persönlich „Zeit“ ist. Vielleicht findet sich im biblischen Text bereits eine passende Aussage, zum Beispiel „eine Zeit zum Weinen“, es kann aber auch ein dort nicht genanntes Stichwort sein. Die

Leitung lädt dazu ein, dies kurz zu benennen, indem der Satz „eine Zeit zum ...“ ergänzt und ausgesprochen wird. Das Gesagte bleibt dabei unkommentiert.

Gebet

Guter Gott,

alles hat seine Zeit.

Für das neue Kirchenjahr, in dem es Zeiten für verschiedene Feste und Stimmungen gibt, bitten wir um Deinen Segen. Schenke uns die Fähigkeit, das Geschehen der Bibel und das, was die Kirche feiert, lebendig zu machen für die Menschen in unseren Gemeinden.

Auch in unserem Leben hat alles „seine Zeit“. Für jeden von uns ist jetzt gerade Zeit für etwas anderes. Sei Du mit Deiner Nähe und Liebe in dieser Zeit bei uns und begleite uns in allen Zeiten des Lebens.

Amen.

Sternstunden – Impuls zur Advents- und Weihnachtszeit

Darum geht es

Am Ende des Jahres steht die Advents- und Weihnachtszeit. In vielen Gemeinden und Einrichtungen ist diese eine gut gefüllte Zeit. Oft überdeckt dabei der allgemeine Weihnachtstrubel die Reflexion und Würdigung dessen, was in diesem Jahr an Gutem geschehen ist. Der Impuls lädt ein, sich einen Moment Zeit zu nehmen für eine wertschätzende Rückschau auf die geleistete Arbeit im nun endenden Jahr und zugleich einen vorsichtigen Ausblick auf das neue Jahr zu wagen.

Vorbereitung

Zettel in Sternform zum Beschriften, ggf. mit einem Band zum Aufhängen versehen, Stifte, Tannenzweig, Liste mit unten aufgeführten Impulsfragen bereitlegen.

Einführende Worte

Mit folgenden Worten kann die Leitung in den Impuls einführen:

Sternstunden – das sind jene Augenblicke, die das Leben zum Leuchten bringen. Die Geburt Jesu ist für den christlichen Glauben und die Kirche eine Sternstunde: Gott kommt als kleines Kind in die Welt, um den Menschen ganz nahe zu sein. Gleichzeitig werden in den weihnachtlichen Erzählungen Sterne zu Wegweisern, so zum Beispiel für die Heiligen Drei Könige, die einem Stern folgen, um den neugeborenen König zu finden. Auch in unserem Arbeitsfeld gab es im letzten Jahr Sternstunden. Vielleicht gibt es aber auch Themen und Fragen für unsere Arbeit, die wir wie wegweisende Sterne mit ins neue Jahr nehmen können.

Aktion

In der Mitte des Konferenztisches liegen eine ausreichende Anzahl an Sternen aus Papier, Stifte und folgende Impulsfragen aus:

- Was war für mich in diesem Jahr eine Sternstunde in unserer Gemeinde/unserer Einrichtung?
- Welches Thema oder welche Frage finde ich wegweisend für uns und möchte ich mitnehmen ins neue Jahr?

Die Teilnehmer sind eingeladen, ihre Gedanken in Stichworten in die Sterne hineinzuschreiben. Die Sterne mit den benannten Sternstunden können im Raum, zum Beispiel an einem Tannenzweig, aufgehängt werden und für die weitere Advents- und Weihnachtszeit dort verbleiben, gelesen und ergänzt werden. Die mit Themen und Fragen beschriebenen Sterne werden von der Leitung eingesammelt und können zum Auftakt der ersten Sitzung im neuen Jahr eingebracht werden.

Mit folgendem Gebet kann der Impuls abgeschlossen werden:

Gebet

Gott, unser Vater,

Du hast der Welt durch Deine Menschwerdung in der Geburt Deines Sohnes eine Sternstunde geschenkt, die wir jedes Jahr an Weihnachten feiern.
Auch uns schenkst Du Sternstunden in unserem Leben und in unserer Arbeit. Dafür danken wir Dir.

Ein Stern wurde zum Wegweiser für die Heiligen Drei Könige. Lass auch uns die Zeichen erkennen, die uns zeigen, was dran ist – für unser Leben und für unsere Gemeinde/unsere Einrichtung.
Unseren Lebensstern stellen wir unter Deinen Segen.

Amen.

Hinweis

Die Gestaltung eines Tannenzweigs mit den Sternstunden der Gemeinde oder Einrichtung kann fortgeführt werden. So könnte dieser in der Kirche, im Pfarrbüro oder im Sekretariat stehen und die Besucher einladen, ebenfalls ihre „Sternstunden" aufzuschreiben. So erhält das Team eine Rückmeldung für seine Arbeit. Ebenso kann man mit den wegweisenden Sternen verfahren und so die Beteiligung der Gemeindemitglieder und Einrichtungsbesucher an der Gestaltung der Pastoral anregen.

Notizen

Notizen

Notizen

Impulskarten für Bildungsarbeit, Oasentage und Meditation

EAN 426017951 431 9

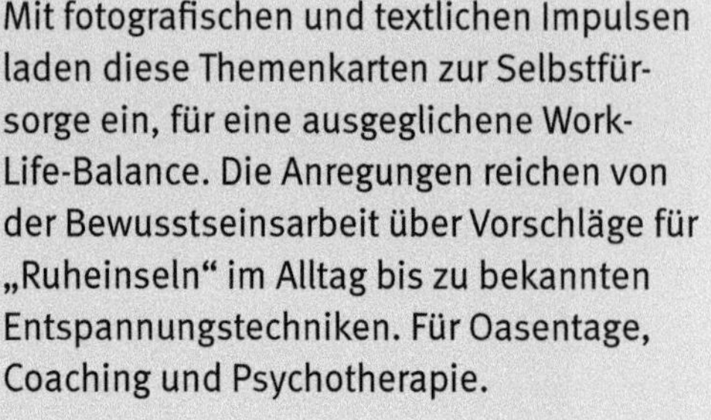

Mit fotografischen und textlichen Impulsen laden diese Themenkarten zur Selbstfürsorge ein, für eine ausgeglichene Work-Life-Balance. Die Anregungen reichen von der Bewusstseinsarbeit über Vorschläge für „Ruheinseln“ im Alltag bis zu bekannten Entspannungstechniken. Für Oasentage, Coaching und Psychotherapie.

EAN 426017951 403 6

Ungeregelte Arbeitszeiten, Termindruck und Konkurrenz in allen Lebensbereichen verursachen bei vielen Menschen Stress, Burnout und Depression. Deshalb wird ein achtsamer Umgang mit sich selbst immer wichtiger. Diese Bildkarten geben Anregungen und Übungsanleitungen, wie Achtsamkeit leicht in den Alltag integriert werden kann.

EAN 426017951 281 0

„Gott ist wie ein Fels“ oder „Gott ist Liebe“, sagt die Bibel. Aber wer ist Gott für mich? Diese Karten laden ein, Gott auf neue Weise kennen zu lernen: vielleicht als Störenfried oder Tänzer? Oder als „Ich-bin-da“ oder Rätsel? 30 DIN-A4-Fotokarten mit Impulstexten, Gebeten, Gedichten, vertiefenden Bibelstellen sowie Hinweisen zu Einsatzmöglichkeiten.

je 30 Fotokarten, DIN A4, beidseitig bedruckt, auf festem Karton, Farbfotos, inkl. methodischer Hinweise, in Sammelmappe

www.donbosco-medien.de

Für Gemeindearbeit und Seelsorge

Babycafé, Bobbycarsegnung, Gebetomat, Männerabend, Nacht der Lichter, Taufsocken und Zeitungs-Bitten – dieses Praxisbuch wartet mit vielfältigen praxiserprobten Angeboten für die Gemeindearbeit auf. Es beschreibt die Ziele, Methoden und konkreten Umsetzungsmöglichkeiten. Plus wertvolle Tipps für die Öffentlichkeitsarbeit und die Verzahnung mit weiteren Seelsorgeangeboten.

80 Seiten, kartoniert, Farbfotos
ISBN 978-3-7698-2251-9

Biografieorientierung in der Seelsorge setzt beim Menschen an, der mit einer religiösen und spirituellen Vorgeschichte nach Begleitung sucht. Das Praxisbuch richtet sich an geistliche BegleiterInnen, pastorale MitarbeiterInnen, Pfarrer, Priester und Ordensleute und beschreibt zwölf bewährte Methoden für die Biografiearbeit im Seelsorgegespräch.

80 Seiten, kartoniert, farbig illustriert, Grafiken, inkl. Downloadcode für Zusatzmaterial
ISBN 978-3-7698-2200-7

LEBENDIG. KREATIV. PRAXISNAH.

Gebete für die Jugendarbeit von Melanie Jacobi

Spaß, Action, Spiele und gute Laune gehören zum Pflichtprogramm jedes Zeltlagers und jeder Ferienfreizeit. Diese 30 jugendgemäß gestalteten Gebete unterstützen die Betreuer dabei, Gott ins Wort zu bringen und dem Glauben einen festen Platz auf Freizeiten zu geben. Typografisch gestaltete Gebetskarten im DIN-A5-Format, aus stabilem folienkaschierten Karton, ideal für unterwegs und draußen.

32 Karten, DIN A5, auf festem Karton, in Pappbox
EAN 426017951 329 9

Ob zu Beginn der ersten Unterrichtsstunde, vor Prüfungen oder am Ende eines Schuljahres – viele, vor allem kirchliche Schulen räumen dem Glauben und dem Gebet einen besonderen Platz ein. Doch auch in außergewöhnlichen Situationen und geprägten Zeiten kann das Gebet Halt sein und Orientierung schenken. Das Kartenset mit 30 Gebeten für das Klassenzimmer unterstützt dabei.

32 Karten, DIN A5, auf festem Karton, in Pappbox
EAN 426017951 423 4

Melanie Jacobi, Dipl. Religionspädagogin, Dipl. Sozialpädagogin/Sozialarbeiterin, Coach, lebt und arbeitet in Nordrhein-Westfalen.

www.donbosco-medien.de

LEBENDIG. KREATIV. PRAXISNAH